iskola - училище	2
utazás - пътуване	5
közlekedés - транспорт	8
város - град	10
táj - пейзаж	14
étterem - ресторант	17
szupermarket - супермаркет	20
italok - напитки	22
étel - ядене	23
gazdálkodás - селски двор	27
ház - къща	31
nappali - всекидневна	33
konyha - кухня	35
fürdőszoba - баня	38
gyerekszoba - детска стая	42
ruházat - облекло	44
iroda - офис	49
gazdaság - икономика	51
foglalkozások - професии	53
szerszámok - инструменти	56
hangszerek - музикални инструменти	57
állatkert - зоологическа градина	59
sportok - спорт	62
tevékenységek - дейности	63
család - семейство	67
test - тяло	68
kórház - болница	72
vészhelyzet - спешен случай	76
föld - Земя	77
óra - часовник	79
hét - седмица	80
év - година	81
alakzatok - форми	83
színek - цветове	84
ellentétek - противоположности	85
számok - числа	88
nyelvek - езици	90
ki / mi / hogyan - кой / какво / как	91
hol - къде	92

AF199411

Impressum
Verlag: BABADADA GmbH, Nedderfeld 112 , 22529 Hamburg
Geschäftsführer / Verlagsleitung: Harald Hof
Druck: Books on Demand GmbH, In de Tarpen 42, 22848 Norderstedt

Imprint
Publisher: BABADADA GmbH, Nedderfeld 112 , 22529 Hamburg, Germany
Managing Director / Publishing direction: Harald Hof
Print: Books on Demand GmbH, In de Tarpen 42, 22848 Norderstedt, Germany

iskola

училище

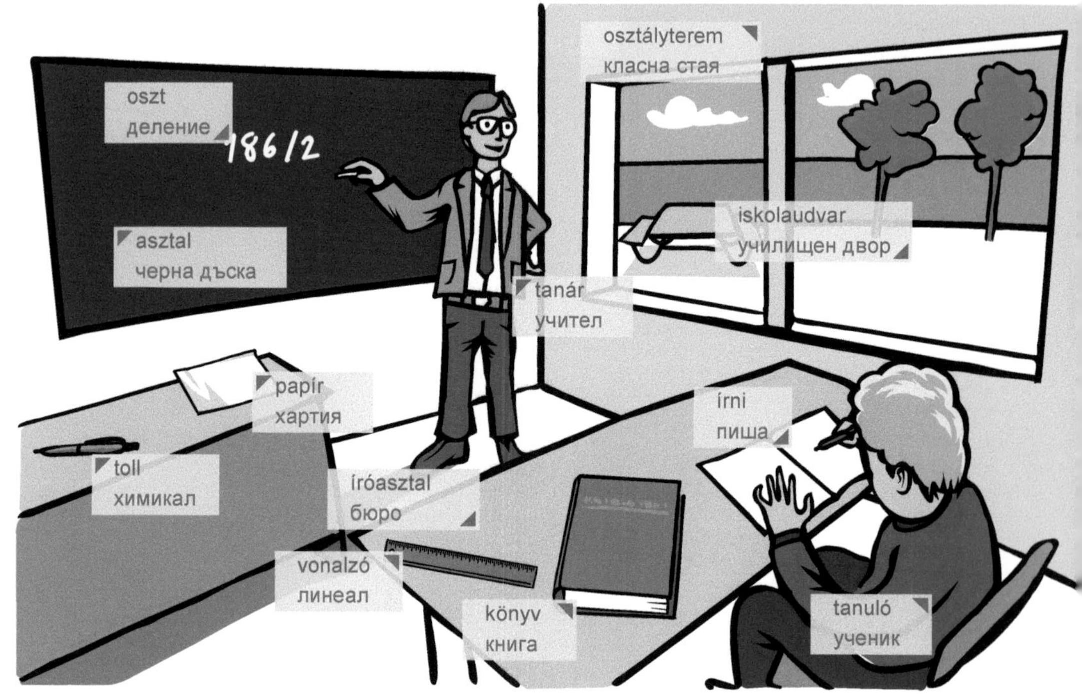
osztályterem
класна стая
oszt
деление
186/2
asztal
черна дъска
iskolaudvar
училищен двор
tanár
учител
papír
хартия
írni
пиша
toll
химикал
íróasztal
бюро
vonalzó
линеал
könyv
книга
tanuló
ученик

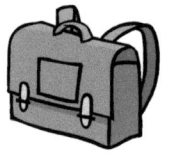

iskolatáska
ученическа раница

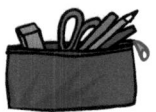

tolltartó
ученически несесер

ceruza
молив

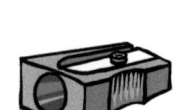

ceruzahegyező
острилка за моливи

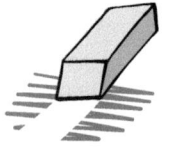

radír
гума

rajzfüzet
блок за рисуване

rajz
рисунка

ecset
четка

festőkészlet
акварелни бои

olló
ножица

ragasztó
лепило

munkafüzet
тетрадка за упражнения

házi feladat
домашна работа

szám
число

összead
събиране

kivon
изваждане

szoroz
умножение

számol
смятане

betű
буква

ABC
азбука

szó
дума

szöveg

текст

olvasni

чета

kréta

тебешир

tanóra

час

napló

дневник на класа

vizsga

изпит

bizonyítvány

свидетелство

iskolai egyenruha

ученическа униформа

oktatás

образование

enciklopédia

справочник

egyetem

университет

mikroszkóp

микроскоп

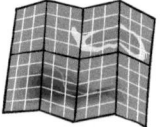

térkép

карта

papír-hulladék gyűjtő

кошче за хартиени
отпадъци

szállás
хостел

hotel
хотел

Grand

valutaváltó iroda
обменно бюро

ROOMS

EXCHANGE

bőrönd
куфар

autó
кола

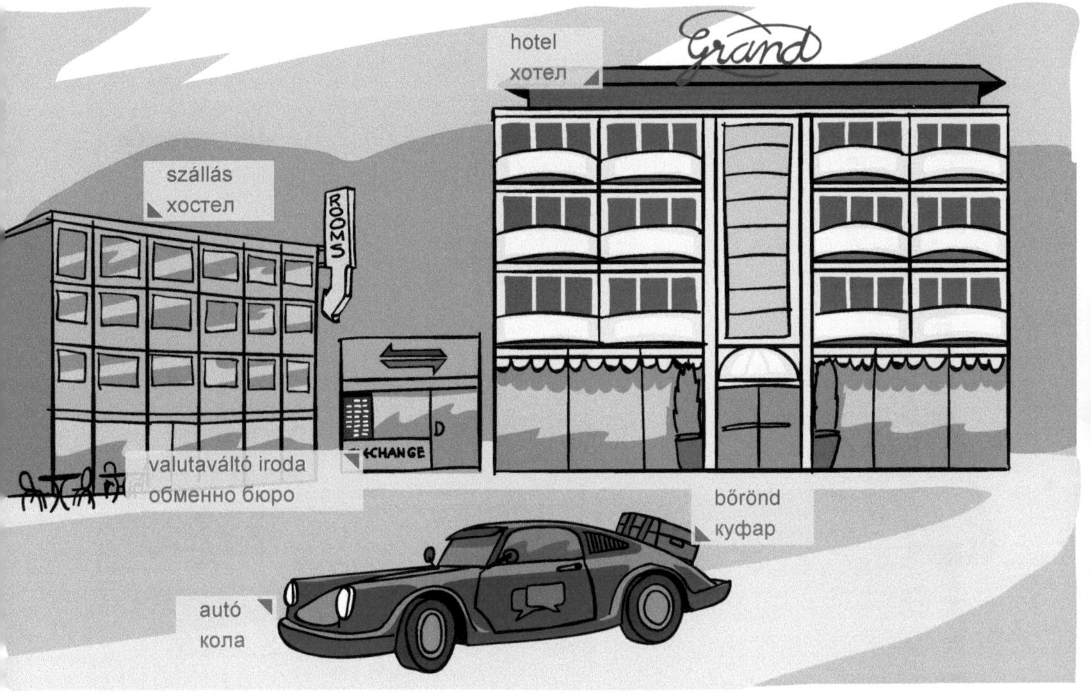

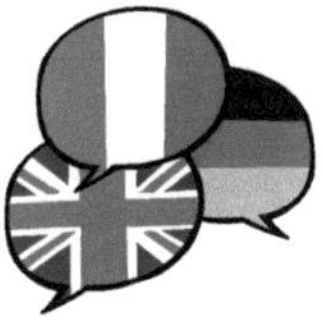

nyelv

език

igen/nem

да / не

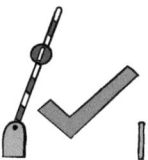

rendben

Окей

szia

здравей

fordító

преводач

köszönöm

Благодаря

mennyibe kerül…?

Колко струва…?

nem értem

Не разбирам

probléma

проблем

Jó estét!

Добър вечер!

jó reggelt!

Добро утро!

jó éjszakát!

Лека нощ!

viszontlátásra

довиждане

útirány

посока

poggyász

багаж

táska

пътна чанта

hátizsák

раница

vendég

посетител

szoba

стая

hálózsák

спален чувал

sátor

палатка

turista információ

туристическа информация

strand

плаж

hitelkártya

кредитна карта

reggeli

закуска

ebéd

обед

vacsora

вечеря

jegy

билет

lift

асансьор

bélyeg

пощенска марка

határ

граница

vám

митница

nagykövetség

посолство

vízum

виза

útlevél

паспорт

közlekedés
транспорт

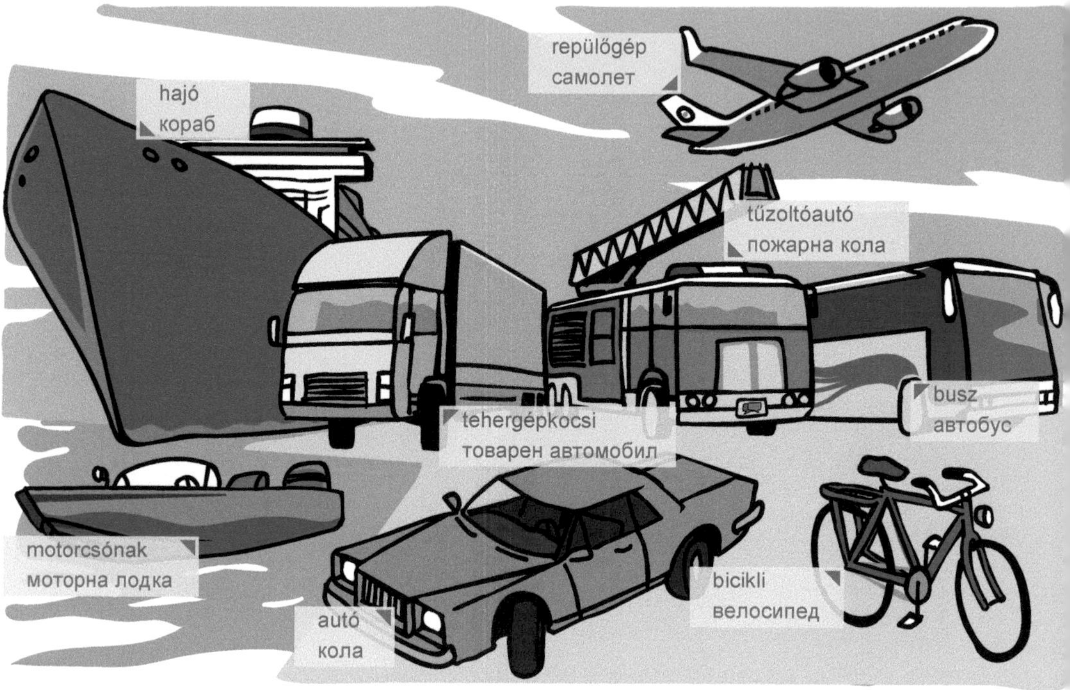
repülőgép
самолет
hajó
кораб
tűzoltóautó
пожарна кола
busz
автобус
tehergépkocsi
товарен автомобил
motorcsónak
моторна лодка
bicikli
велосипед
autó
кола

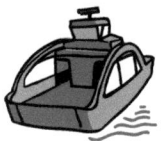

komp

феribот

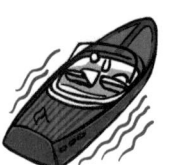

csónak

лодка

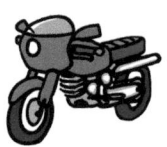

motorkerékpár

мотоциклет

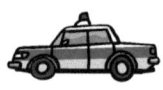

rendőrautó

полицейска кола

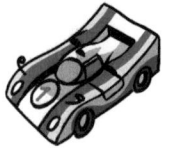

versenyautó

състезателна кола

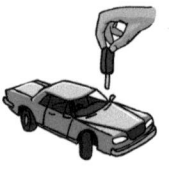

bérautó

кола под наем

telekocsi

каршеринг

vontató

автомобил от "Пътна помощ"

szemetes autó

сметовоз

motor

двигател

üzemanyag

бензин

benzinkút

бензиностанция

közlekedési tábla

пътен знак

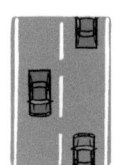

forgalom

улично движение

forgalmi dugó

задръстване

parkoló

паркинг

vonatállomás

гара

sínek

релси

vonat

влак

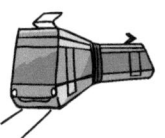

villamos

трамвай

vagon

вагон

helikopter

хеликоптер

repülőtér

аерогара

torony

кула

utas

пасажер

konténer

контейнер

kartondoboz

кашон

taliga

ръчна количка

kosár

кошница

felszáll / leszáll

излитам / приземявам се

város

град

falu

село

városközpont

градски център

ház

къща

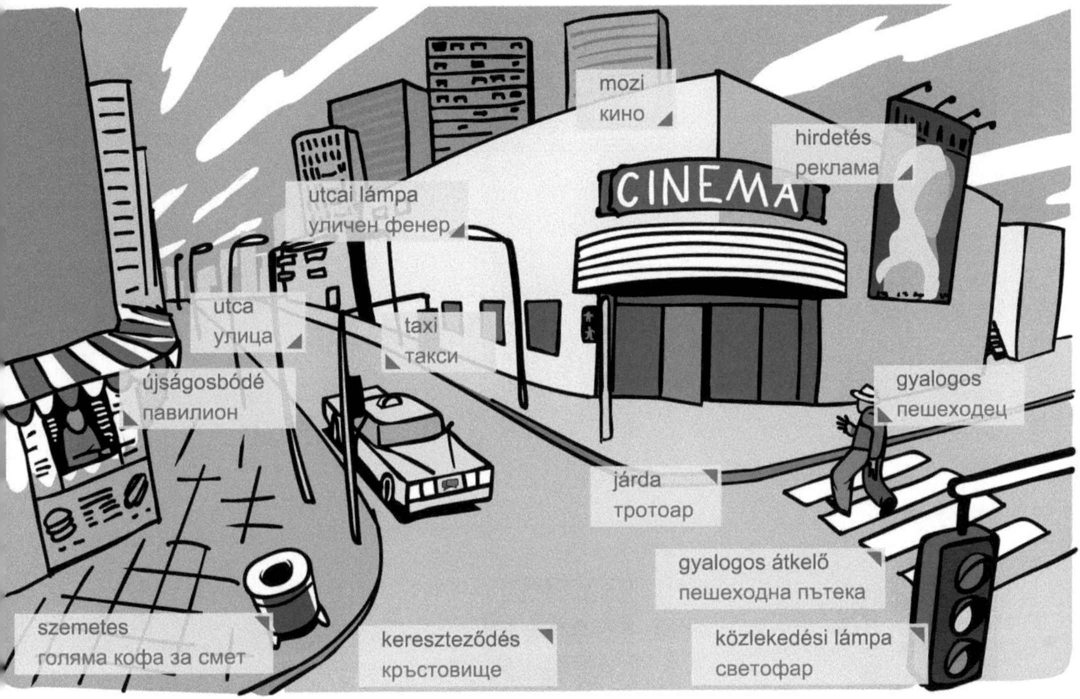

mozi
кино

hirdetés
реклама

utcai lámpa
уличен фенер

CINEMA

utca
улица

taxi
такси

gyalogos
пешеходец

újságosbódé
павилион

járda
тротоар

gyalogos átkelő
пешеходна пътека

szemetes
голяма кофа за смет

kereszteződés
кръстовище

közlekedési lámpa
светофар

kunyhó
......
хижа

lakás
......
жилище

vonatállomás
......
гара

városháza
......
кметство

múzeum
......
музей

iskola
......
училище

egyetem

университет

bank

банка

kórház

болница

hotel

хотел

gyógyszertár

аптека

iroda

офис

könyvesbolt

книжарница

üzlet

магазин за цветя

virágüzlet

магазин за цветя

szupermarket

супермаркет

piac

пазар

áruház

универсален магазин

halárus

търговец на риба

bevásárló központ

търговски център

kikötő

пристанище

park

парк

pad

пейка

híd

мост

lépcső

стълба

metró

метро

alagút

тунел

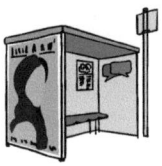

buszmegálló

автобусна спирка

bár

бар

étterem

ресторант

postaláda

пощенска кутия

utcatábla

улична табелка

parkoló óra

часовник за паркинг
престой

állatkert

зоологическа градина

uszoda

плувен басейн

mecset

джамия

gazdálkodás

селски двор

környezetszennyezés

замърсяване на околната среда

temető

гробище

templom

църква

játszótér

детска площадка

szentély

храм

táj
пейзаж

levél
листо

útjelző tábla
пътепоказател

út
път

rét
ливада

kő
камък

fa
дърво

túrázó
пътешественик

folyó
река

fű
трева

virág
цвете

völgy

долина

domb

планина

tó

море

erdő

гора

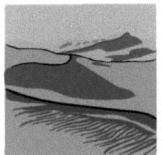

sivatag

пустиня

vulkán

вулкан

kastély

замък

szivárvány

дъга

gomba

гъба

pálmafa

палма

szúnyog

комар

légy

муха

hangya

мравка

méhecske

пчела

pók

паяк

bogár

бръмбар

béka

жаба

mókus

катеричка

sündisznó

таралеж

nyúl

заек

bagoly

кукумявка

madár

птица

hattyú

лебед

vaddisznó

диво прасе

szarvas

елен

rénszarvas

лос

gát

бент

szélturbina

вятърна турбина

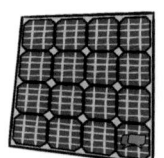

napelem

соларен модул

éghajlat

климат

étterem

ресторант

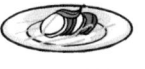

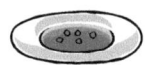

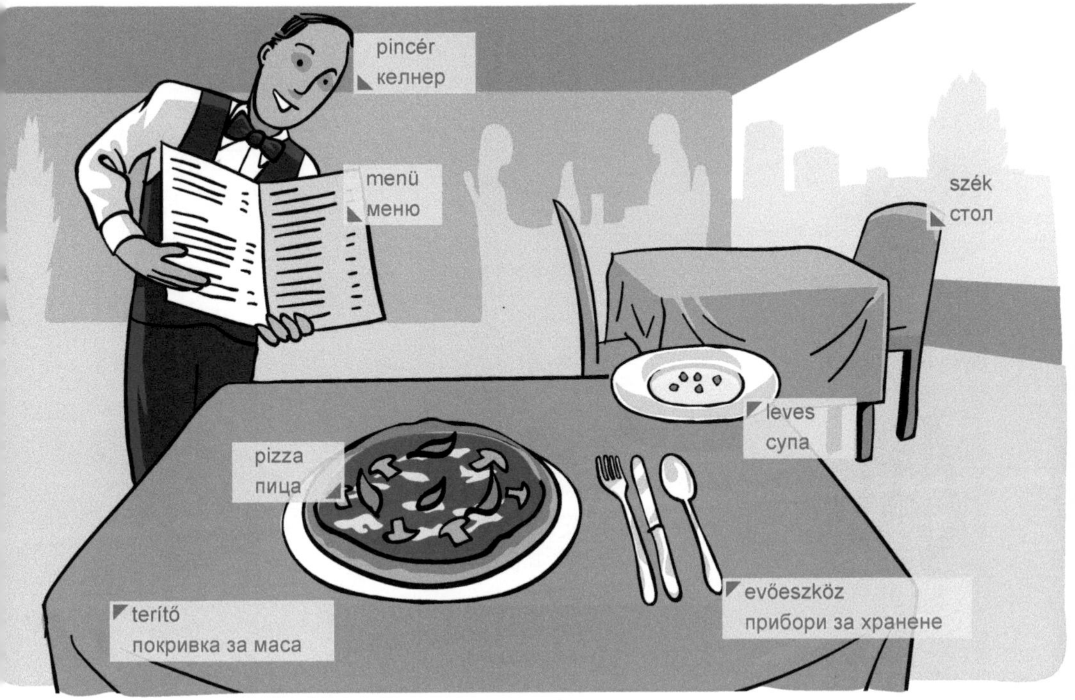
pincér
келнер
menü
меню
szék
стол
leves
супа
pizza
пица
evőeszköz
прибори за хранене
terítő
покривка за маса

előétel

предястие

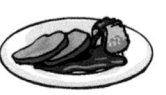

főétel

основно ястие

desszert

десерт

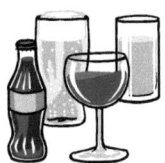

italok

напитки

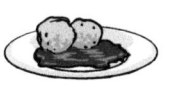

étel

ядене

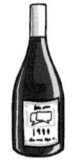

üveg

бутилка

gyorsétel

бързо хранене

gyorsétel

улична храна

teás kanna

кана за чай

cukortartó

кутия за захар

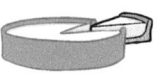

adag

порция

eszpresszógép

еспресо машина

bárszék

висок детски стол

számla

сметка

tálca

табла

kés

ножица за нокти

villa

вилица

kanál

лъжица

teáskanál

чаена лъжичка

szalvéta

салфетка

pohár

стъклена чаша

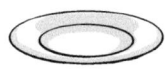

tányér

чиния

leveses tányér

чиния за супа

csészealj

чинийка

szósz

сос

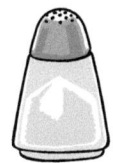

sószóró

солница

borsőrlő

мелничка за черен пипер

ecet

оцет

étkezési olaj

олио

fűszerek

подправки

ketchup

кетчуп

mustár

горчица

majonéz

майонеза

szupermarket
супермаркет

különleges ajánlat
оферта
FOR
ügyfél
клиент
tejtermék
млечни продукти
gyümölcsök
плодове
bevásárló kocsi
количка за покупки

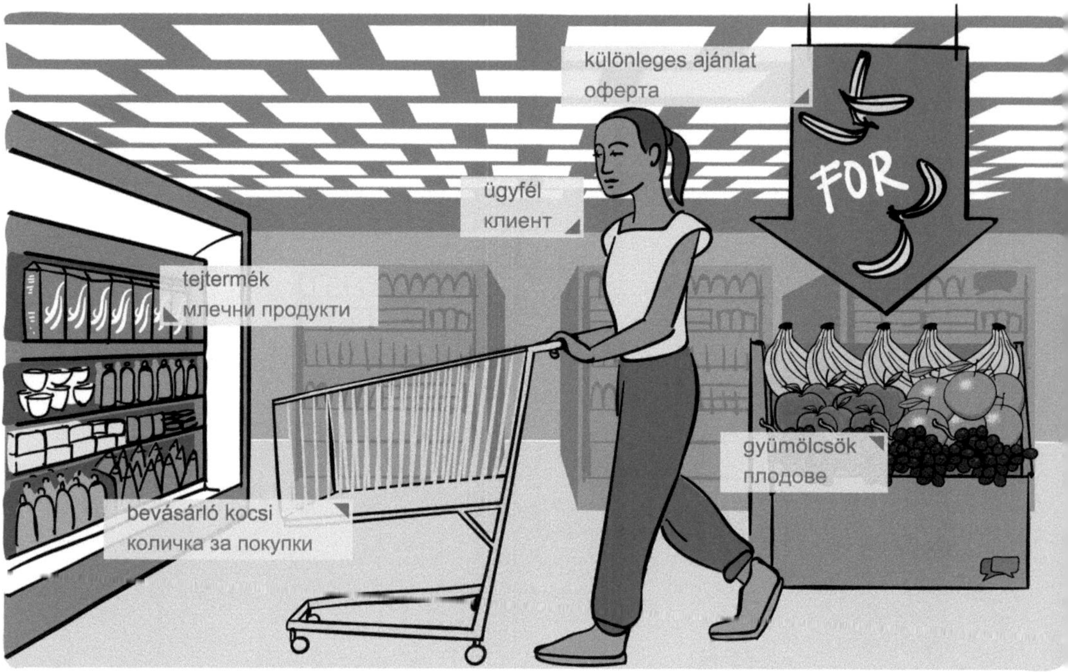

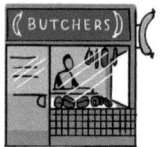

BUTCHERS

hentes

кланица

BAKERY

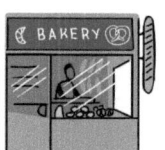

pékség

хлебарница

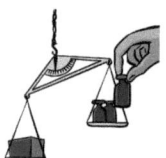

nyom valamennyit

тегля

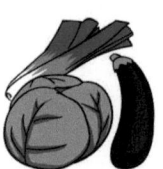

zöldség

зеленчуци

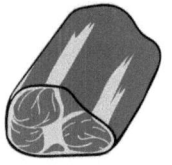

hús

месо

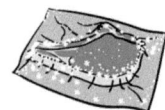

fagyasztott áru

дълбоко замразена храна

felvágott

наразан колбас или сирене

konzerv

консерви

mosópor

перилен препарат

édességek

лакомства

háztartási termék

домакински изделия

tisztítószerek

почистващи препарати

eladó

продавачка

pénztárgép

каса

eladó

касиер

bevásárló lista

списък на покупките

nyitva tartás

работно време

levéltárca

портфейл

hitelkártya

кредитна карта

zacskó

чанта

műanyag zacskó

пластмасова торба

víz

вода

gyümölcslé

сок

tej

мляко

kóla

кола

bor

вино

sör

бира

alkohol

алкохол

kakaó

какао

tea

чай

kávé

кафе машина

eszpresszó

еспресо

kapucsínó

капучино

banán

банан

alma

ябълка

narancs

портокал

sárgadinnye

пъпеш

citrom

лимон

sárgarépa

морков

fokhagyma

чесън

bambusz

бамбук

hagyma

лук

gomba

гъба

magvak

ядки

nokedli

макарони

spagetti

спагети

rizs

ориз

saláta

салата

sült krumpli

пържени картофи

sült burgonya

печени картофи

pizza

пица

hamburger

хамбургер

szendvics

сандвич

hússzelet

шницел

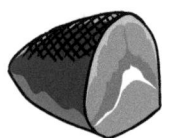

sonka

шунка

szalámi

траен колбас

kolbász

салам

csirke

пиле

pecsenye

печено

hal

риба

étel - ядене

zabkása

овесени ядки

müzli

мюсли

kukoricapehely

корнфлейкс

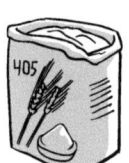

liszt

брашно

croissant

кроасан

zsemle

хлебчета

kenyér

хляб

pirítós kenyér

препечена филийка

keksz

бисквити

vaj

масло

túró

извара

sütemény

сладкиш

tojás

яйце

tükörtojás

яйца на очи

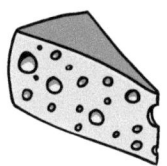

sajt

сирене

jégkrém

сладолед

cukor

захар

méz

мед

lekvár

мармалад

mogyorókrém

нуга крем

curry

къри

gazdálkodás
селски двор

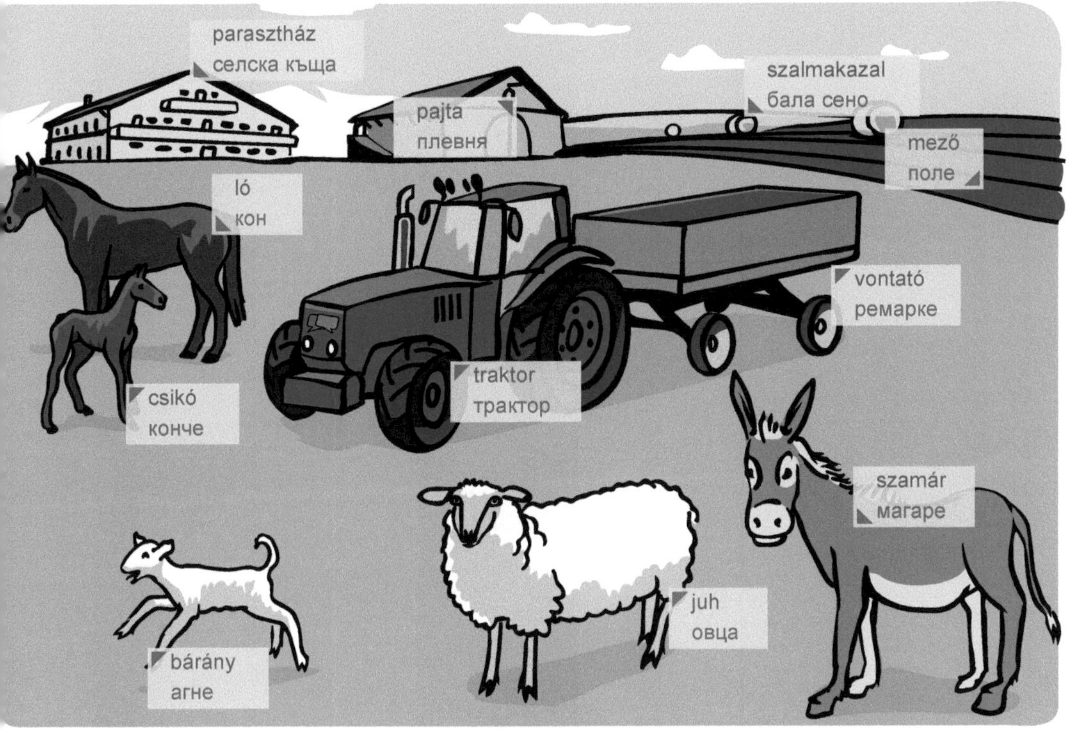
parasztház
селска къща
pajta
плевня
szalmakazal
бала сено
mező
поле
ló
кон
vontató
ремарке
traktor
трактор
csikó
конче
szamár
магаре
juh
овца
bárány
агне

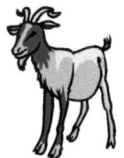

kecske
коза

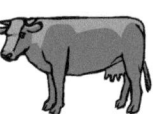

tehén
крава

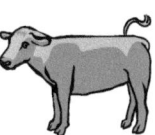

borjú
теле

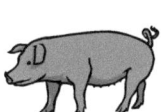

malac
свиня

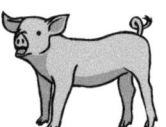

kismalac
прасенце

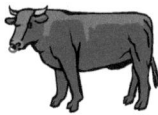

bika
бик

liba
гъска

kacsa
патица

csibe
пиленце

tojó
кокошка

kakas
петел

patkány
плъх

macska
котка

ogér
мишка

ökör
вол

kutya
куче

kutyaház
кучешка колиба

kerti öntözőcső
градински маркуч

öntözőkanna
лейка

kasza
коса

eke
плуг

sarló
сърп

kapa
мотика

vasvilla
вила за тор

fejsze
брадва

talicska
ръчна количка

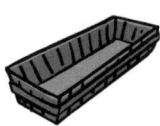

teknő
корито

tejes kancsó
съд за мляко

zsák
чувал

kerítés
ограда

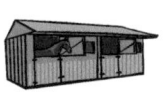

istálló
обор

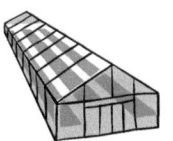

üvegház
парник

talaj
земя

vetőmag
сеитба

trágya
тор

cséplőgép
комбайн

szüretelni

жъна

betakarítás

реколта

yamgyökér

ямс

búza

жито

szója

соя

burgonya

картоф

kukorica

царевица

repcemag

рапица

gyümölcsfa

овощно дърво

manióka

маниока

gabona

зърнени храни

ház

къща

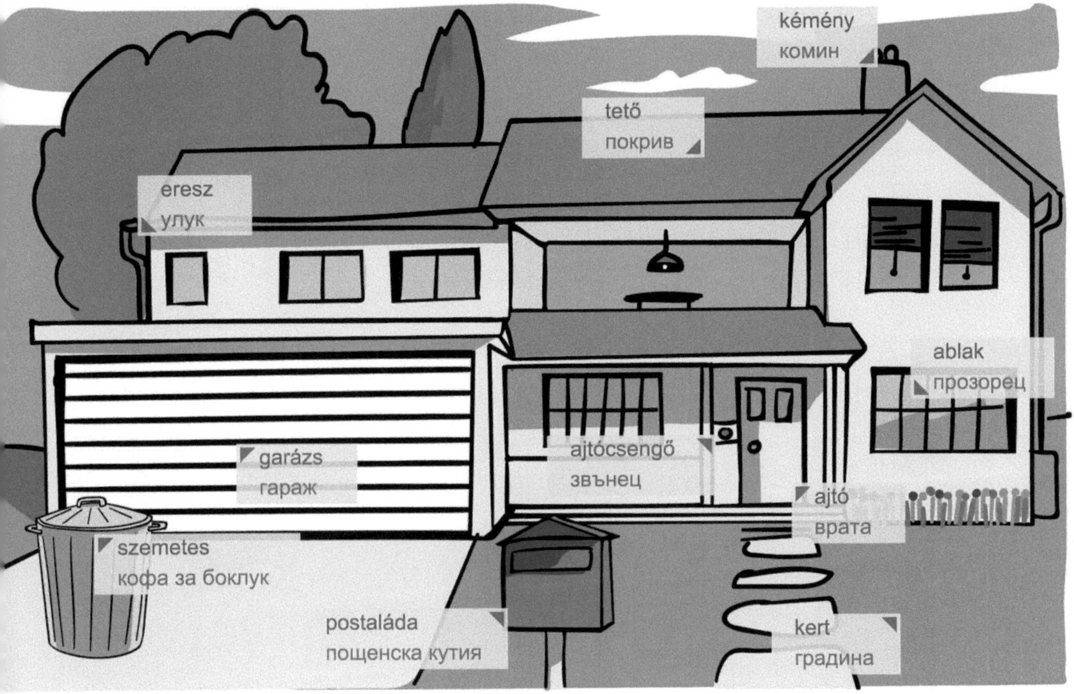
kémény
комин
tető
покрив
eresz
улук
ablak
прозорец
garázs
гараж
ajtócsengő
звънец
ajtó
врата
szemetes
кофа за боклук
postaláda
пощенска кутия
kert
градина

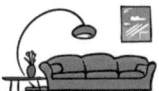

nappali

всекидневна

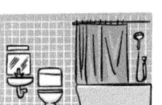

fürdőszoba

баня

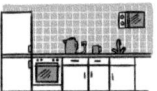

konyha

кухня

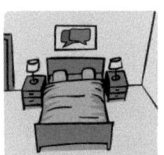

hálószoba

спалня

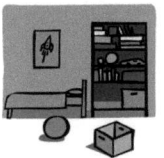

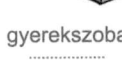

gyerekszoba

детска стая

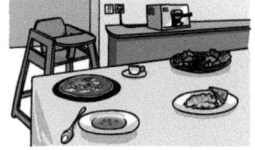

ebédlő

трапезария

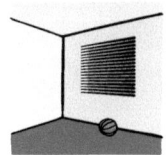

padló

под

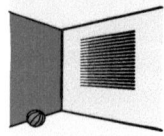

fal

стена

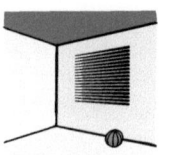

plafon

таван

pince

изба

szauna

сауна

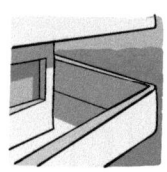

erkély

балкон

terasz

тераса

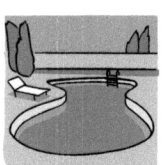

medence

плувен басейн

fűnyíró

косачка

lepedő

спално бельо

ágytakaró

покривка за легло

ágy

легло

seprű

метла

vödör

кофа

kapcsoló

електрически ключ

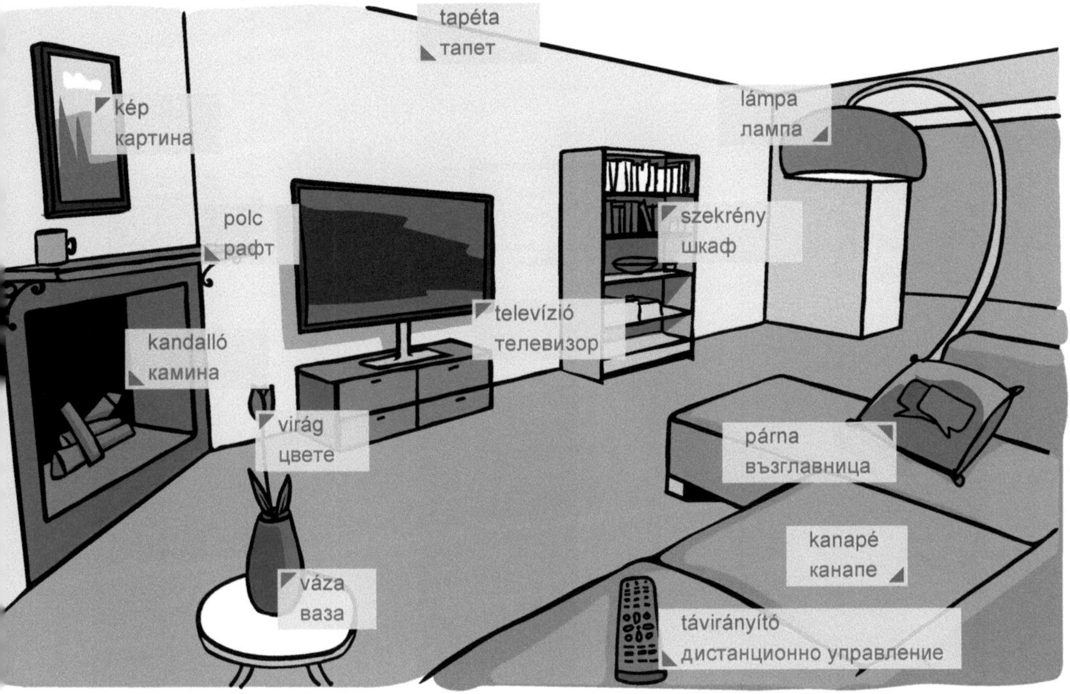

tapéta
тапет

kép
картина

lámpa
лампа

polc
рафт

szekrény
шкаф

kandalló
камина

televízió
телевизор

virág
цвете

párna
възглавница

kanapé
канапе

váza
ваза

távirányító
дистанционно управление

szőnyeg
килим

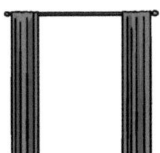

függöny
завеса

asztal
маса

szék
стол

hintaszék
люлеещ се стол

karosszék
кресло

könyv

книга

takaró

одеяло

dekoráció

декорация

tűzifa

дърва за отопление

film

филм

hifi

стерео уредба

kulcs

ключ

újság

вестник

festmény

живопис

poszter

постер

rádió

радио

jegyzetfüzet

бележник

porszívó

прахосмукачка

kaktusz

кактус

gyertya

свещ

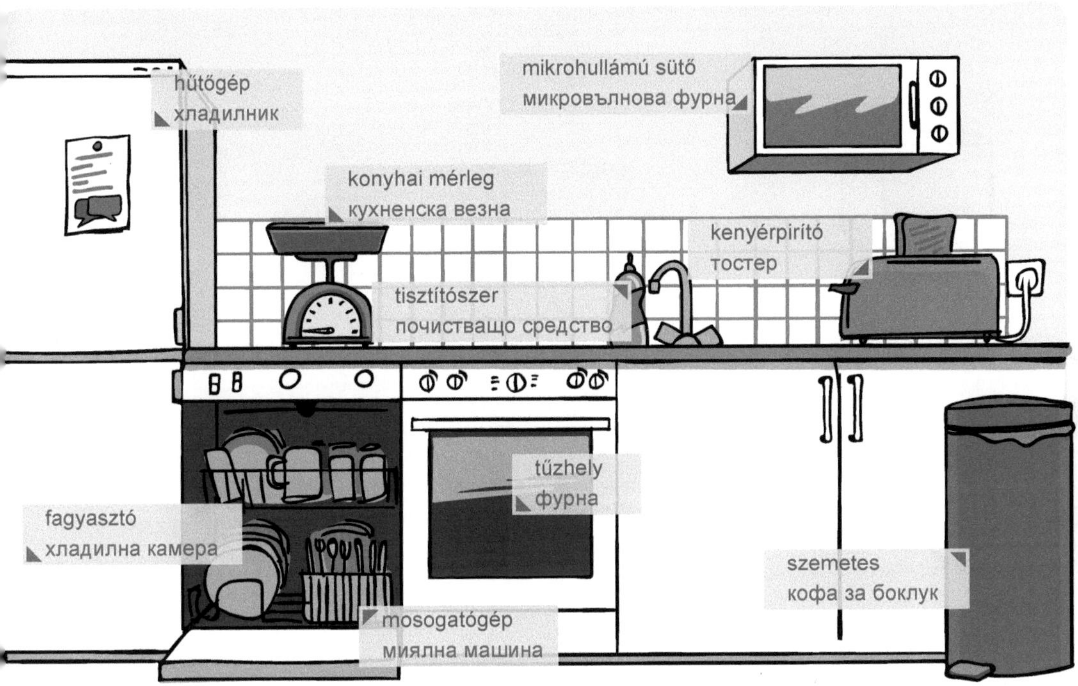

hűtőgép
хладилник

mikrohullámú sütő
микровълнова фурна

konyhai mérleg
кухненска везна

kenyérpirító
тостер

tisztítószer
почистващо средство

fagyasztó
хладилна камера

tűzhely
фурна

szemetes
кофа за боклук

mosogatógép
миялна машина

tűzhely

готварска печка

edény

тенджера

vasfazék

желязна тенджера

wok / kadai

уок / кадаи

serpenyő

тиган

vízforraló

кана за затопляне на вода

pároló

уред за готвене на пара

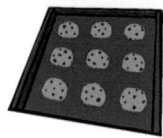

tepsi

тава за печене

étkészlet

съдове

bögre

чаша

tálka

купа

evőpálcika

клечки за хранене

merőkanál

черпак

keverőlapátka

лопатка за тиган

habverö

тел за разбиване (на яйца, белтъци)

szűrö

кошница за варене

szita

гевгир

reszelő

ренде

mozsár

хаван

grillsütő

барбекю

kandalló

огнище

vágódeszka

дъска

sodrófa

точилка

dugóhúzó

тирбушон

doboz

кутия

konzervnyitó

отварачка за консерви

edényfogó

кухненска ръкохватка

mosogató

мивка

kefe

четка

szivacs

гъба

turmixgép

миксер

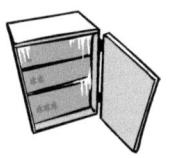

mélyhűtő

фризер

cumisüveg

бебешко шише

csap

воден кран

fürdőszoba

баня

zuhany
душ
fűtés
отопление
törölköző
хавлиена кърпа
zuhanyfüggöny
завеса за баня
habfürdő
шампоан за вана
kád
вана
pohár
стъклена чаша
mosógép
перална машина
csap
воден кран
csempe
плочки
bili
гърне
mosogató
мивка

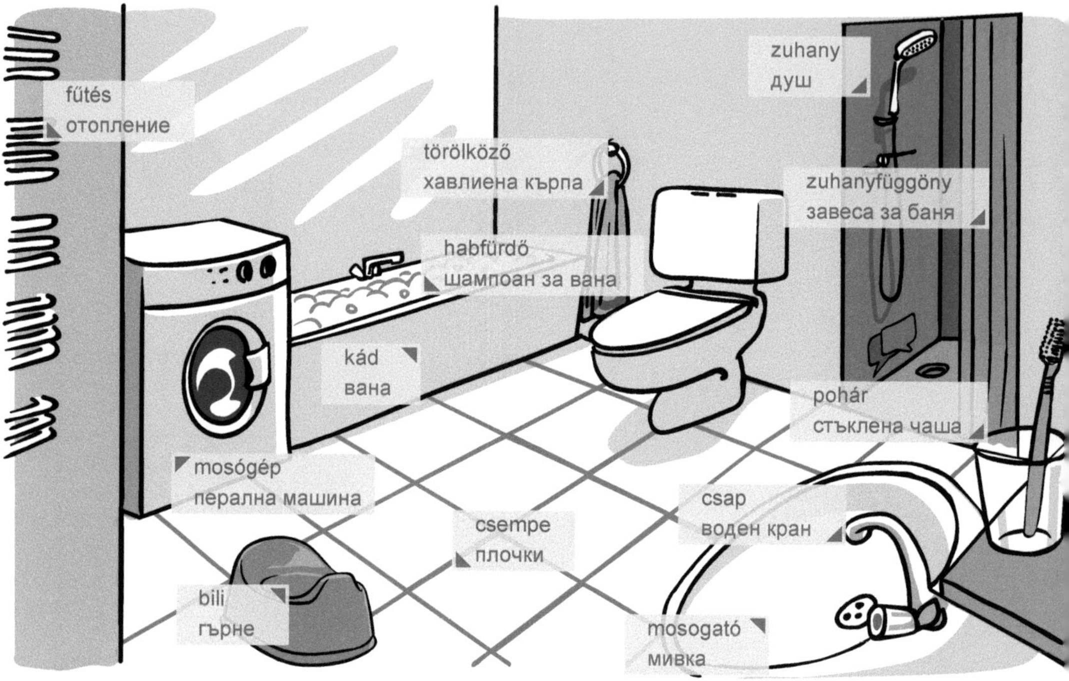

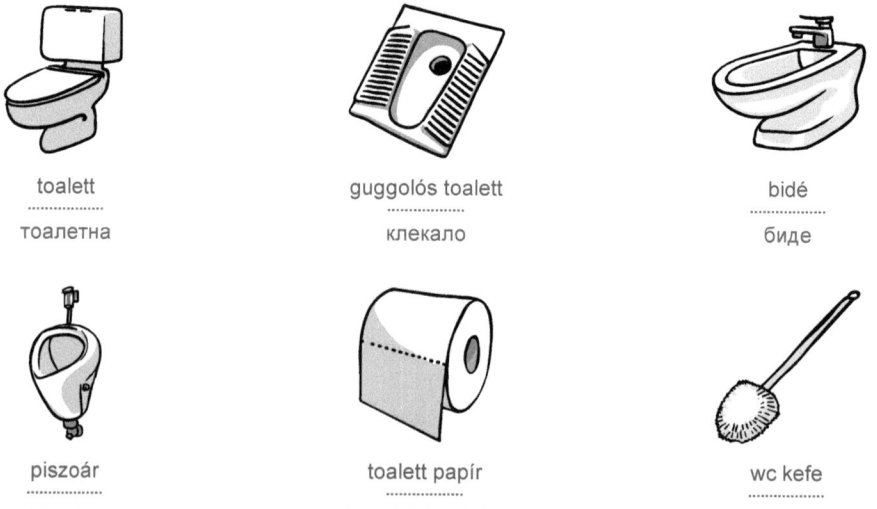

toalett

тоалетна

guggolós toalett

клекало

bidé

биде

piszoár

писоар

toalett papír

тоалетна хартия

wc kefe

четка за тоалетна

fogkefe
четка за зъби

fogkrém
паста за зъби

fogselyem
конец за зъби

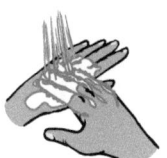

mosni
мия

kézi zuhany
ръчен душ

intimzuhany
интимен душ

mosdótál
леген

hátmosó kefe
четка за гръб

szappan
сапун

tusfürdő
душ гел

sampon
шампоан за вана

mosdókesztyű
гъба за баня

lefolyó
сифон

krém
крем

dezodor
дезодорант

tükör

огледало

kézitükör

козметично огледало

borotva

ръчна самобръсначка

borotvahab

пяна за бръснене

borotválkozás utáni arcszesz

одеколон за след бръснене

fésű

гребен

hajkefe

четка

hajszárító

сешоар

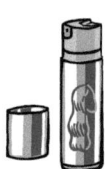

hajlakk

спрей за коса

smink

грим

ajakrúzs

червило

körömlakk

лак за нокти

vatta

памук

körömvágó olló

ножица за нокти

parfüm

парфюм

neszesszer

толетна чантичка

sámli

табуретка

mérleg

везна

köntös

хавлия

gumikesztyű

домакински ръкавици

tampon

тампон

egészségügyi betét

дамски превръзки

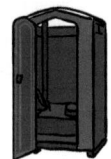

vegyi WC

химическа тоалетна

gyerekszoba

детска стая

ébresztő óra
будилник
plüssállat
плюшена играчка
játékautó
автомобил играчка
csörgő
дрънкалка
babaház
къща за кукли
ajándék
подарък

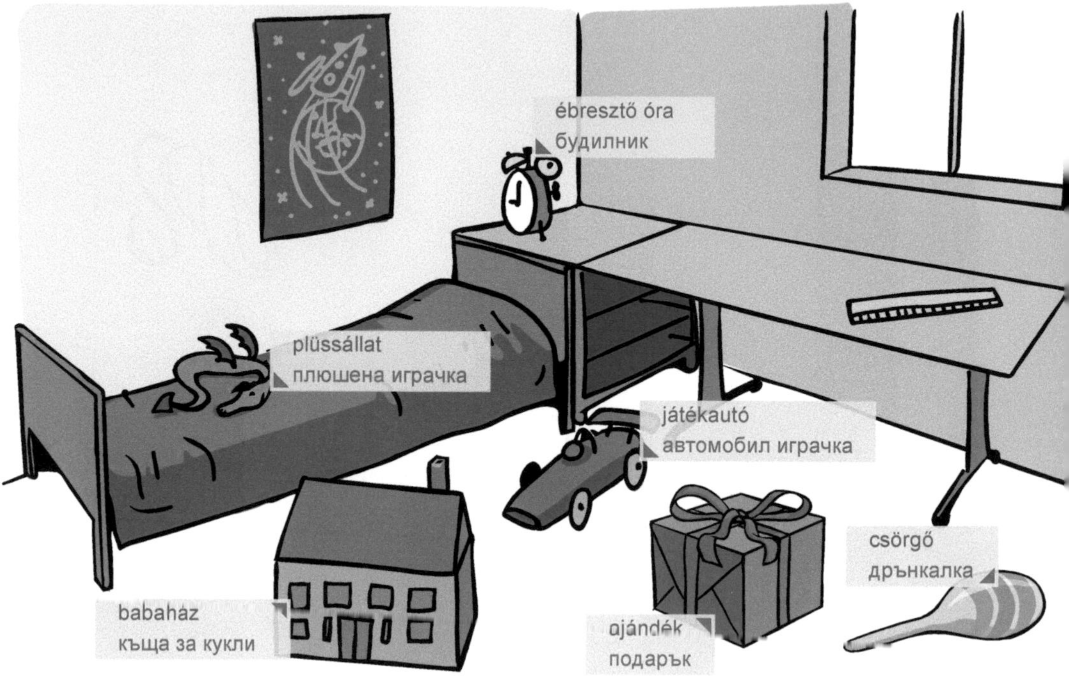

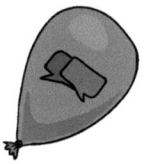

lufi

балон

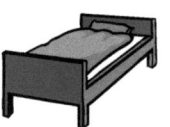

ágy

легло

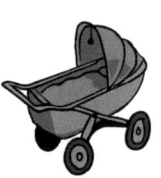

babakocsi

детска количка

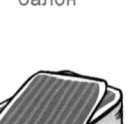

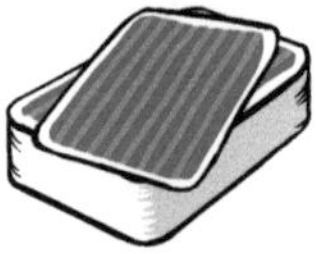

kártyapakli

игра на карти

kirakós játék

пъзел

SUPER
MEGA

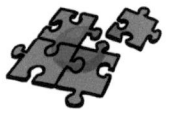

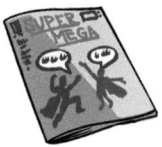

képregény

комикс

építőkockák

лего елементи

építőelem

строителни елементи

szuperhős

екшън фигурка

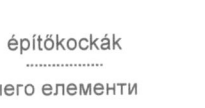

rugdalózó

бебешки гащеризон

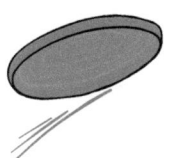

frizbi

фрисби

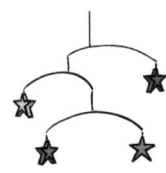

zenélő forgó

бебешки играчки за легло

társasjáték

настолна игра

kocka

зарче

modellvasút

миниатюрно влакче

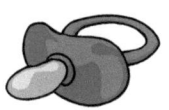

cumi

биберон

zsúr

парти

képeskönyv

детска книга с илюстрации

labda

топка

baba

кукла

játszani

играя

homokozó

пясъчник

hinta

люлка

játékok

играчка

videójáték konzol

игрова конзола

tricikli

велосипед с три колелета

teddi maci

плюшено мече

ruhásszekrény

гардероб

ruházat
облекло

zokni

къси чорапи

harisnya

дълги чорапи

harisnyanadrág

чорапогащник

sál
шал

esernyő
чадър

póló
Т-шърт

öv
колан

csizma
ботуши

papucs
пантофи

tornacipő
гуменки

szandál
....
сандали

cipő
....
обувки

gumicsizma
....
гумени ботуши

alsónadrág
....
слип

melltartó
....
сутиен

mellény
....
долна блуза

body

боди

nadrág

панталон

farmer

дънки

szoknya

пола

blúz

блуза

ing

риза

pulóver

пуловер

kapucnis pulóver

суичър

blézer

блейзър

dzseki

яке

kabát

палто

esőkabát

дъждобран

kosztüm

костюм

ruha

рокля

esküvői ruha

булчинска рокля

öltöny

костюм

hálóing

нощница

pizsama

пижама

szári

сари

fejkendő

кърпа за глава

turbán

тюрбан

burka

бурка

kaftán

кафтан

abaya

абая

fürdőruha

бански костюм

fürdőnadrág

плувни шорти

rövidnadrág

къс панталон

tréningruha

анцуг

kötény

престилка

kesztyű

ръкавици

gomb

копче

szemüveg

очила

karkötő

гривна

nyaklánc

верижка

gyűrű

пръстен

fülbevaló

обеца

sapka

каскет

vállfa

закачалка

kalap

шапка

nyakkendő

вратовръзка

cipzár

цип

bukósisak

каска

nadrágtartó

тиранти

iskolai egyenruha

ученическа униформа

egyenruha

униформа

ruházat - облекло

előke
лигавник

cumi
биберон

pelenka
пелена

iroda
офис

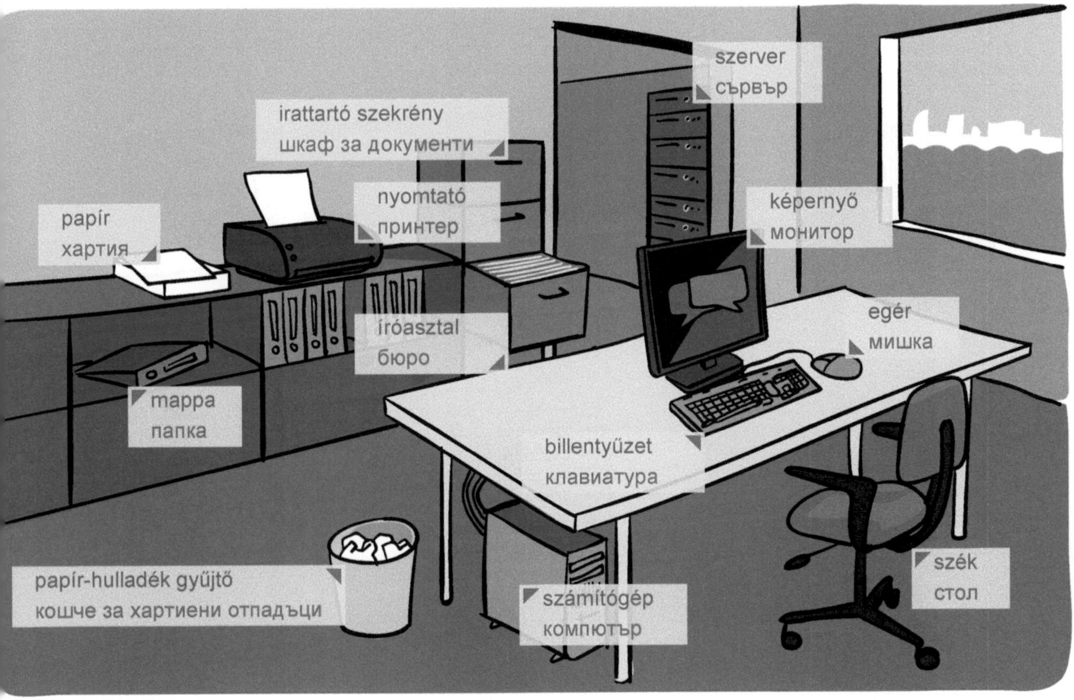

szerver
сървър

irattartó szekrény
шкаф за документи

nyomtató
принтер

papír
хартия

képernyő
монитор

íróasztal
бюро

egér
мишка

mappa
папка

billentyűzet
клавиатура

papír-hulladék gyűjtő
кошче за хартиени отпадъци

szék
стол

számítógép
компютър

kávéscsésze
чаша за кафе

számológép
джобен калкулатор

internet
интернет

laptop
лаптоп

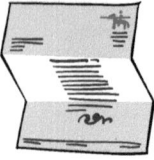

levél
писмо

üzenet
съобщение

mobiltelefon
мобилен телефон

hálózat
мрежа

fénymásoló
ксерокс

szoftver
софтуер

telefon
телефон

konnektor
контакт

faxgép
факс

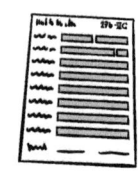

formanyomtatvány
формуляр

dokumentum
документ

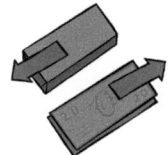

venni

купувам

fizetni

плащам

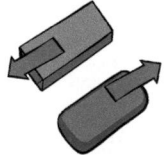

kereskedni

търгувам

pénz

пари

dollár

долар

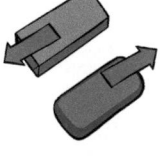

euró

евро

jen

йена

rubel

рубла

svájci frank

швейцарски франк

kínai jüan

ренминби юан

rúpia

рупия

bankautomata

банкомат

valutaváltó iroda

обменно бюро

arany

злато

ezüst

сребро

olaj

нефт

energia

енергия

ár

цена

szerződés

договор

adó

данък

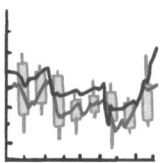

részvény

акция

dolgozni

работя

munkavállaló

служител

munkaadó

работодател

gyár

фабрика

üzlet

магазин за цветя

foglalkozások
професии

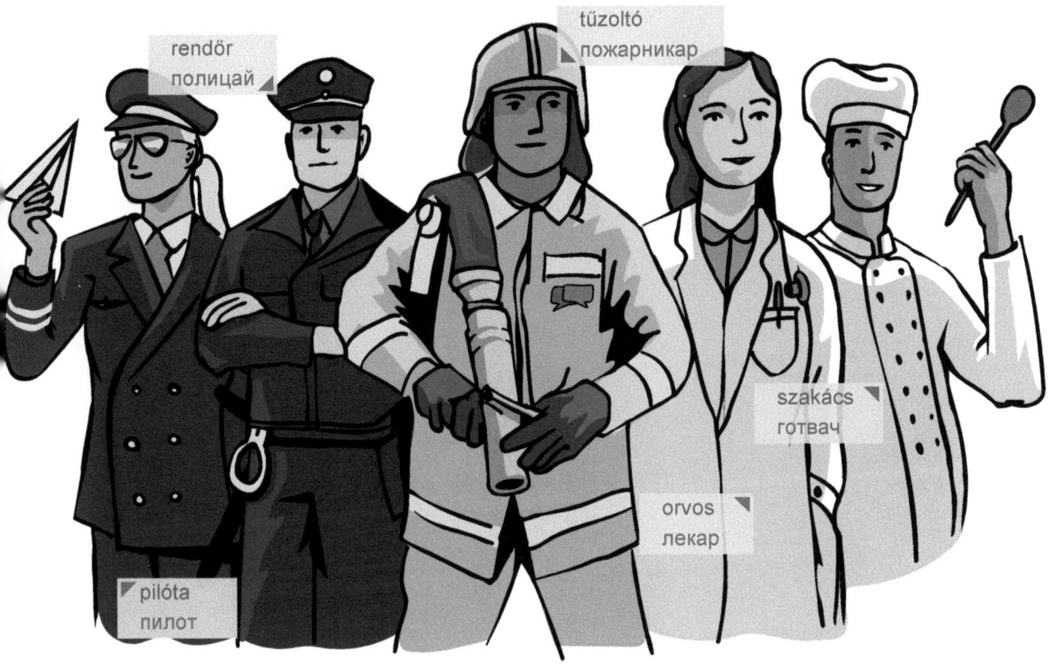
rendőr
полицай
tűzoltó
пожарникар
szakács
готвач
orvos
лекар
pilóta
пилот

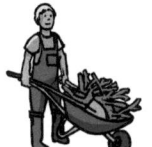

kertész

градинар

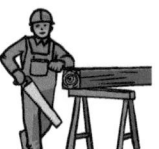

kárpitos

мебелист

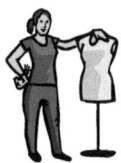

varrónő

шивачка

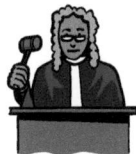

bíró

съдия

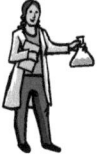

vegyész

химик

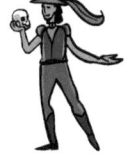

színész

артист

buszsofőr

шофьор на автобус

taxisofőr

шофьор на такси

halász

рибар

bejárónő

чистачка

tetőfedő

майстор на покриви

pincér

келнер

vadász

ловец

festő

художник

pék

хлебар

villanyszerelő

електротехник

építőmunkás

строителен работник

mérnök

инженер

hentes

касапин

vízvezeték-szerelő

тенекеджия

postás

пощальон

foglalkozások - професии

katona

войник

építész

архитект

eladó

касиер

virágos

цветар

fodrász

фризьор

kalauz

кондуктор

műszerész

механик

kapitány

капитан

fogorvos

зъболекар

tudós

научен работник

rabbi

равин

imám

имàм

szerzetes

монах

lelkész

свещеник

szerszámok

инструменти

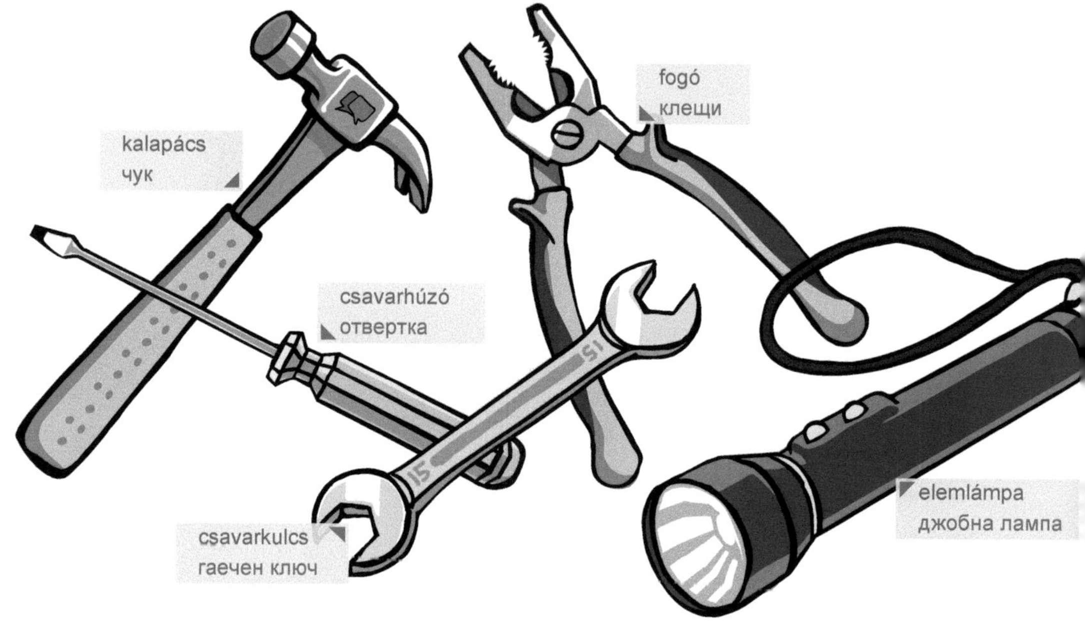
kalapács
чук
fogó
клещи
csavarhúzó
отвертка
csavarkulcs
гаечен ключ
elemlámpа
джобна лампа

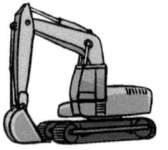

markológép

багер

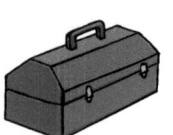

szerszámosláda

кутия за инструменти

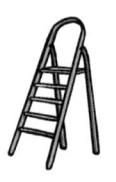

vödör

стълба

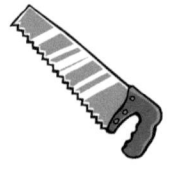

fűrész

трион

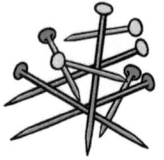

szög

пирони

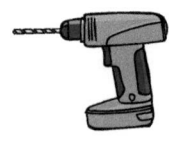

fúrógép

бормашина

megjavítani

ремонтирам

lapát

лопата

A francba!

По дяволите!

szemétlapát

лопатка за смет

festékesdoboz

кутия за боя

csavar

болтове

hangszerek

музикални инструменти

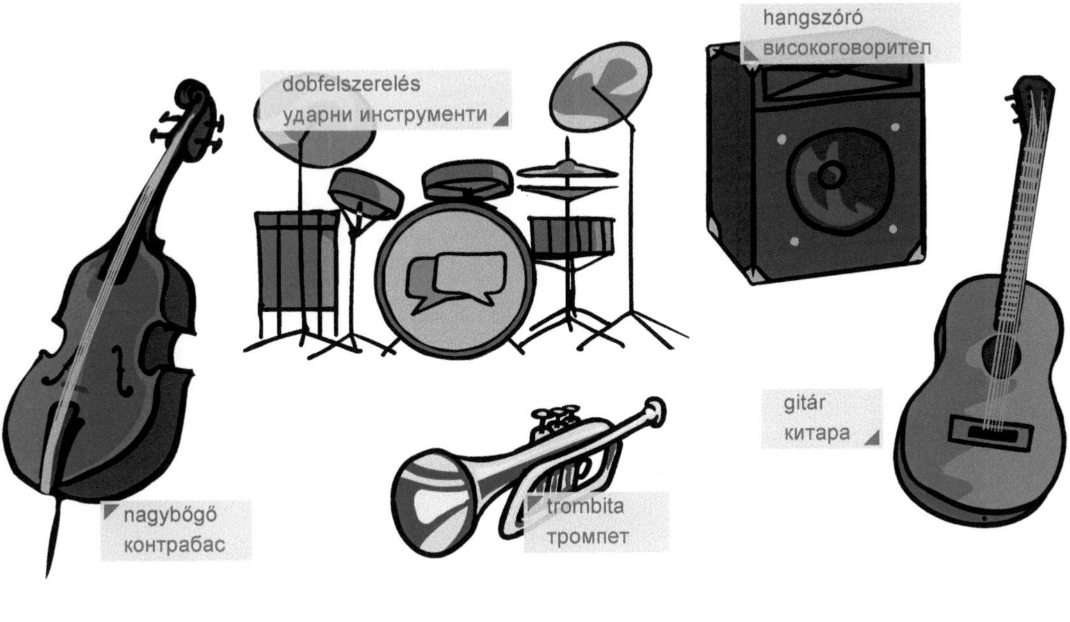

hangszóró
високоговорител

dobfelszerelés
ударни инструменти

nagybőgő
контрабас

trombita
тромпет

gitár
китара

zongora

пиано

hegedű

виолина

basszusgitár

контрабас

üstdob

тимпан

dobok

барабан

digitális zongora

електрическо пиано

szaxofon

саксофон

fuvola

флейта

mikrofon

микрофон

állatkert

зоологическа градина

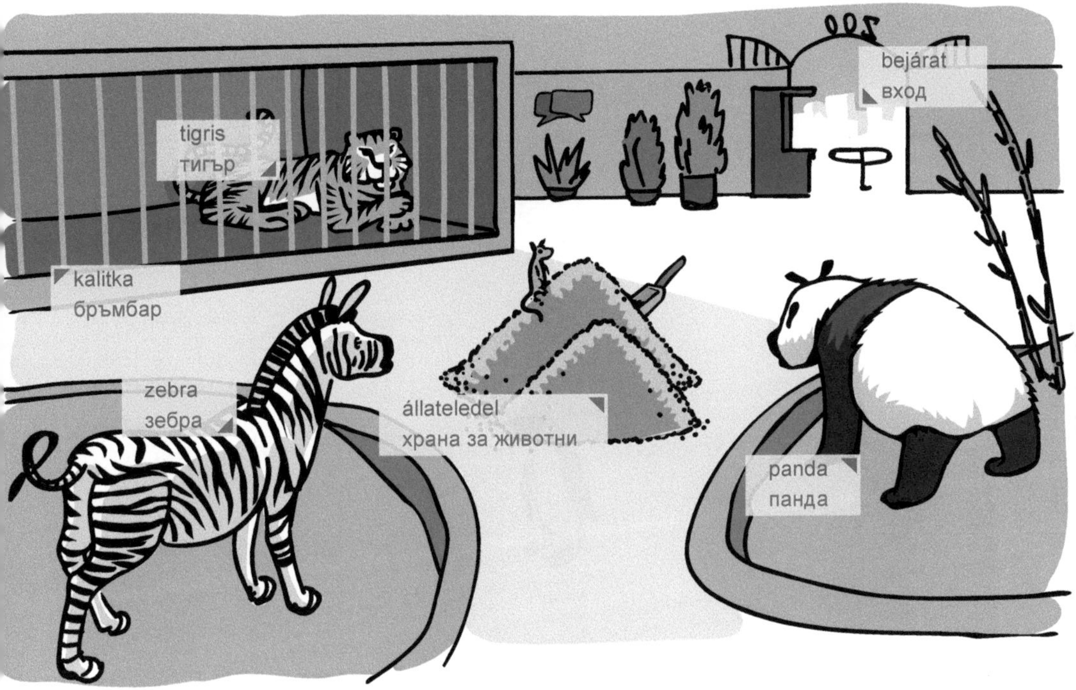

tigris
тигър
bejárat
вход
kalitka
бръмбар
zebra
зебра
állateledel
храна за животни
panda
панда

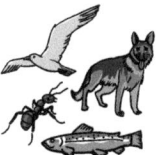

állatok

животни

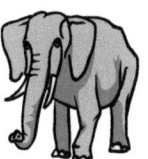

elefánt

слон

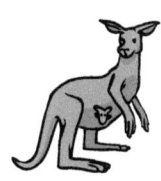

kenguru

кенгуру

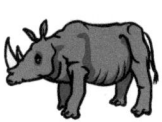

orrszarvú

носорог

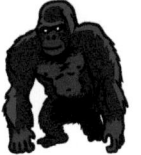

gorilla

горила

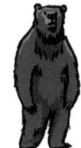

medve

мечка

teve

камила

strucc

щраус

oroszlán

лъв

majom

маймуна

flamingó

фламинго

papagáj

папагал

jegesmedve

бяла мечка

pingvin

пингвин

cápa

акула

páva

паун

kígyó

змия

krokodil

крокодил

állatgondozó

пазач в зоологическа
градина

fóka

тюлен

jaguár

ягуар

póniló
пони

leopárd
леопард

víziló
хипопотам

zsiráf
жираф

sas
орел

vaddisznó
диво прасе

hal
риба

teknős
костенурка

rozmár
морж

róka
лисица

gazella
газела

amerikai futball
американски футбол

kerékpározás
колоездене

tenisz
тенис

kosárlabda
баскетбол

úszás
плуване

boksz
бокс

jégkorong
хокей на лед

futball
футбол

tollas
бадминтон

atlétika
лека атлетика

kézilabda
хандбал

síelés
ски бягане

lovaspóló
поло

ugrani скачам

nevetni смея се

ölelni прегръщам

sétálni вървя

énekelni пея

álmodni сънувам

dicsérni моля се

csókolni целувам

írni пиша

rajzolni рисувам

mutatni показвам

tolni бутам

adni давам

vinni взимам

birtokolni

имам

csinálni

правя

lenni

съм

állni

стоя

futni

тичам

húzni

дърпам

hajít

хвърлям

esni

падам

hazudni

лежа

várni

чакам

vinni

нося

ülni

седя

felvenni

обличам

aludni

спя

felébredni

събуждам се

ránézni

разглеждам

sírni

плача

simogat

милвам

fésülni

реша се

beszélni

говоря

megérteni

разбирам

kérdezni

питам

hallgatni

слушам

inni

пия

enni

ям

takarítani

разтребвам

szeretni

обичам

főzni

готвя

vezetni

карам автомобил

szállni

летя

tevékenységek - дейности

vitorlázni

плавам (с платна)

számol

смятане

olvasni

чета

tanulni

уча

dolgozni

работя

házasodni

женя се

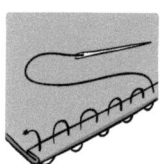

varrni

шия

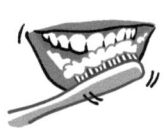

fogat mosni

измивам си зъбите

ölni

убивам

dohányozni

пуша

küldeni

изпращам

nagymama
баба

nagypapa
дядо

apa
баща

anya
майка

kisbaba
бебе

lány
дъщеря

fiú
син

vendég

посетител

nagynéni

леля

nagybácsi

чичо

fiútestvér

брат

lánytestvér

сестра

test

тяло

homlok
чело
szem
око
váll
рамо
ujj
пръст
arc
лице
áll
брадичка
kéz
ръка
láb
крак
mell
гърди
kar
ръка

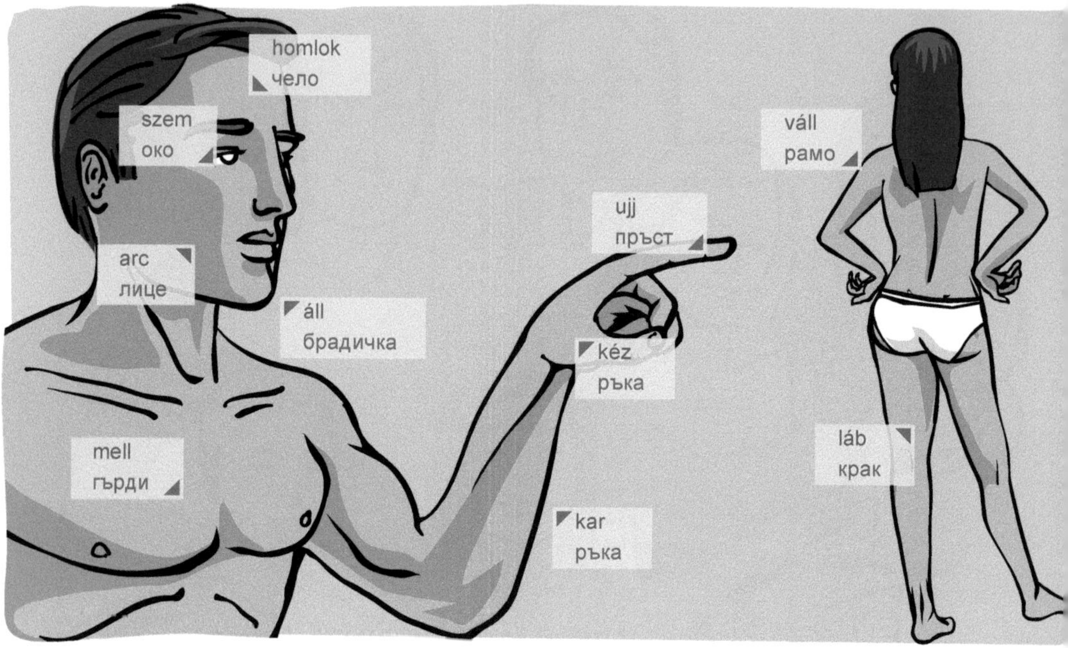

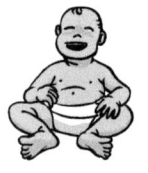

kisbaba

бебе

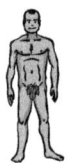

ember

мъж

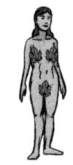

nő

жена

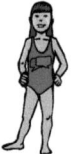

lány

момиче

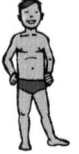

fiú

момче

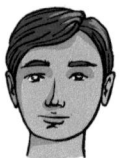

fej

глава

hát

гръб

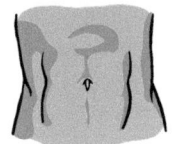

has

корем

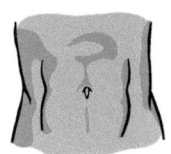

köldök

пъп

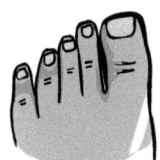

lábujj

пръст на крака

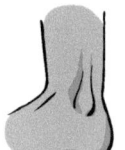

sarok

пета

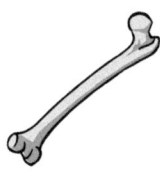

csont

кост

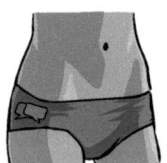

csípő

хълбок

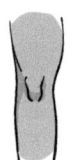

térd

коляно

könyök

лакът

orr

нос

fenék

седалище

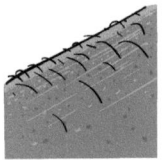

bőr

кожа

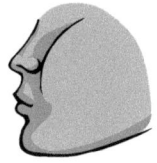

orca

буза

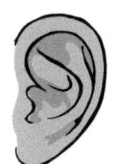

fül

ухо

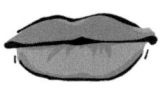

ajak

устна

száj

уста

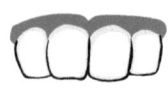

fog

зъб

nyelv

език

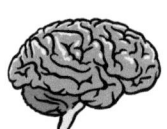

agy

мозък

szív

сърце

izom

мускул

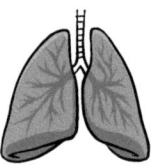

tüdő

бял дроб

máj

черен дроб

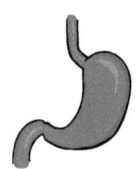

gyomor

стомах

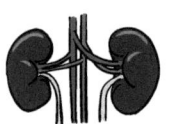

vese

бъбреци

szex

полово сношение

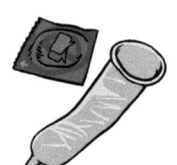

kondom

кондом

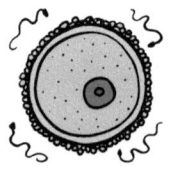

petesejt

яйцеклетка

sperma

сперма

terhesség

бременност

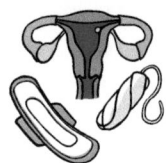

menstruáció

менструация

vagina

вагина

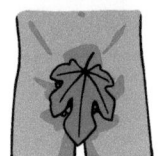

pénisz

пенис

szemöldök

вежда

haj

коса

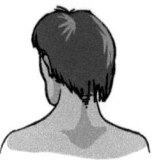

nyak

шия

kórház
болница

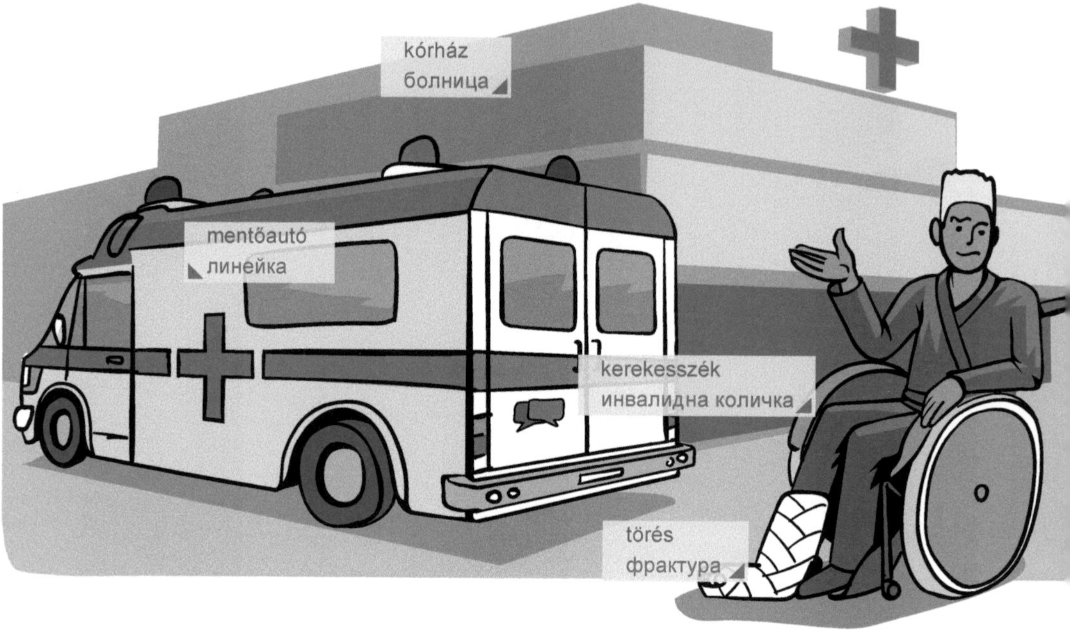

kórház
болница
mentőautó
линейка
kerekesszék
инвалидна количка
törés
фрактура

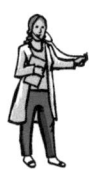

orvos

лекар

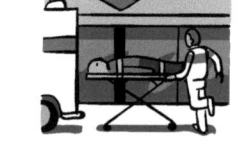

sürgősségi osztály

спешна хоспитализация

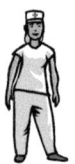

ápoló

медицинска сестра

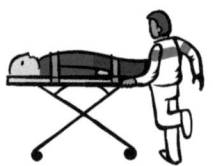

vészhelyzet

спешен случай

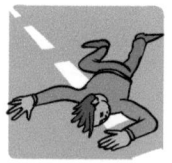

eszméletlen

в безсъзнание

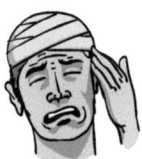

fájdalom

болка

sérülés

нараняване

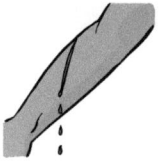

vérzés

кървене

szívroham

инфаркт

szélütés

инсулт

allergia

алергия

köhögés

кашлица

láz

температура

influenza

грип

hasmenés

диария

fejfájás

главоболие

rák

рак

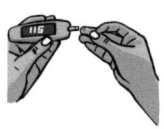

cukorbetegség

диабет

sebész

хирург

szike

скалпел

műtét

операция

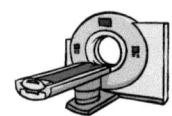

CT
компютърна томография

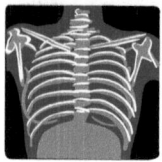

röntgen
рентген

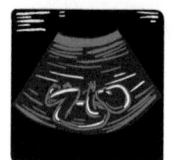

ultrahang
ултразвук

arcmaszk
маска

betegség
болест

váróterem
чакалня

mankó
патерица

sebtapasz
пластир

kötszer
превръзка

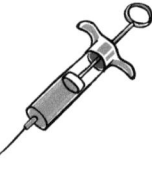

injekció
инжекция

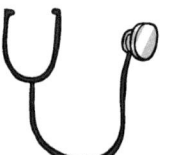

sztetoszkóp
стетоскоп

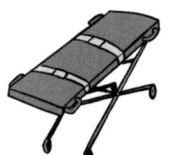

hordágy
носилка

klinikai hőmérő
термометър

születés
раждане

túlsúly
наднормено тегло

hallókészülék

слухов апарат

fertőtlenítőszer

дезинфекционно средство

fertőzés

инфекция

vírus

вирус

HIV/AIDS

HIV / AIDS

orvosság

медицина

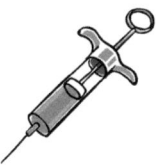

oltás

ваксинация

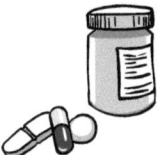

tabletták

таблети

tabletta

противозачатъчна таблетка

sürgősségi hívás

спешно телефонно обаждане

vérnyomásmérő

апарат за измерване на кръвното налягане

betegség / egészség

болен / здрав

Segítség!

Помощ!

riasztás

сигнал за тревога

rajtaütés

нападение

támadás

атака

veszély

опасност

vészkijárat

аварien изход

tűz!

Пожар!

tűzoltókészülék

пожарогасител

baleset

злополука

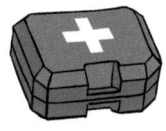

elsősegélycsomag

комплект за оказване на
първа помощ

SOS

SOS

rendőrség

полиция

Európa

Европа

Észak-Amerika

Северна Америка

Dél-Amerika

Южна Америка

Afrika

Африка

Ázsia

Азия

Ausztrália

Австралия

Atlanti-óceán

Атлантически океан

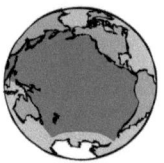

Csendes-óceán

Тихи океан

Indiai-óceán

Индийски океан

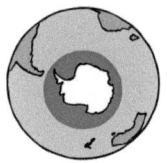

Déli-óceán

Южен ледовит океан

Jeges-tenger

Северен ледовит океан

Északi-sark

Северен полюс

Déli-sark

Южен полюс

Antarktisz

Антарктида

föld

Земя

szárazföld

суша

tenger

море

sziget

остров

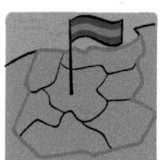

nemzet

нация

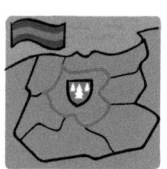

állam

държава

számlap

циферблат

kismutató

стрелка на часовете

nagymutató

стрелка на минутите

másodpercmutató

стрелка на секундите

Mennyi az idő?

Колко е часът?

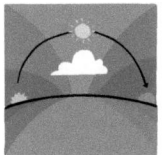

nap

ден

idő

време

most

сега

digitális óra

дигитален часовник

perc

минута

óra

час

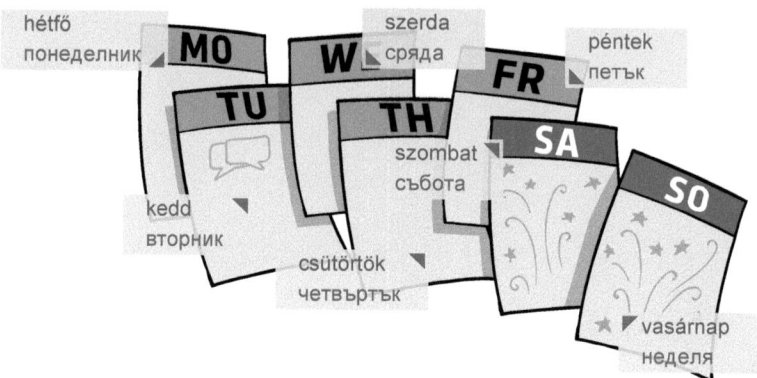

hétfő
понеделник
MO

szerda
сряда
W

péntek
петък
FR

TU
kedd
вторник

TH
szombat
събота

SA

SO

csütörtök
четвъртък

vasárnap
неделя

tegnap

вчера

ma

днес

holnap

утре

reggel

сутрин

dél

обед

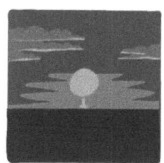

este

вечер

MO	TU	WE	TH	FR	SA	SU
1	2	3	4	5	6	7
8	9	10	11	12	13	14
15	16	17	18	19	20	21
22	23	24	25	26	27	28
29	30	31	1	2	3	4

hétköznap

работни дни

MO	TU	WE	TH	FR	SA	SU
1	2	3	4	5	6	7
8	9	10	11	12	13	14
15	16	17	18	19	20	21
22	23	24	25	26	27	28
29	30	31	1	2	3	4

hétvége

уикенд

esö
▶ дъжд

szivárvány
▶ дъга

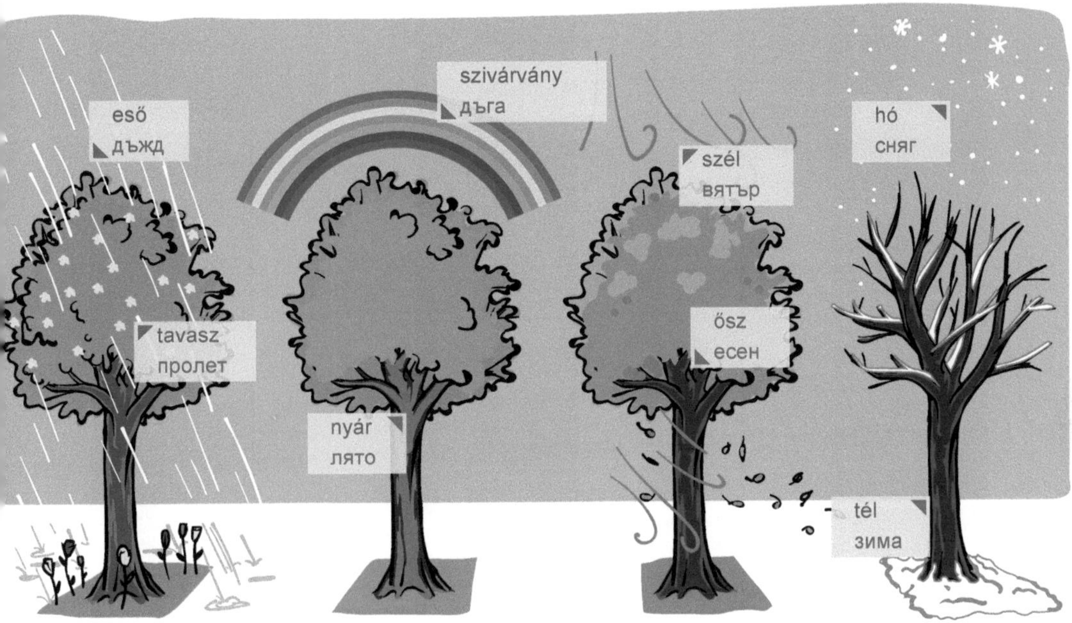

szél
вятър

hó
сняг

tavasz
пролет

nyár
лято

ősz
есен

tél
зима

idöjárás elörejelzés

прогноза за времето

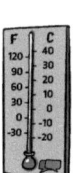

hömérő

термометър

napsütés

слънчева светлина

felhő

облак

köd

мъгла

páratartalom

влажност на въздуха

villámlás

светкавица

mennydörgés

гръмотевица

vihar

буря

jégeső

градушка

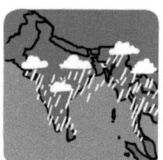

monszun

мусон

áradás

наводнение

jég

лед

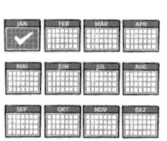

január

януари

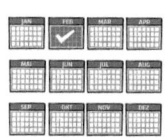

február

февруари

március

март

április

април

május

май

június

юни

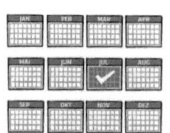

július

юли

augusztus

август

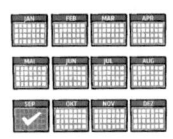

szeptember

септември

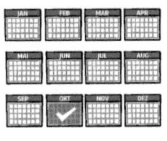

október

октомври

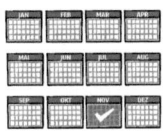

november

ноември

december

декември

alakzatok

форми

kör

кръг

négyzet

квадрат

téglalap

четириъгълник

háromszög

триъгълник

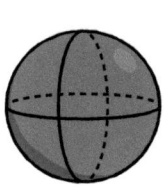

gömb

сфера

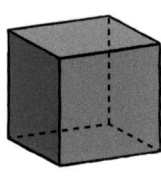

kocka

куб

fehér

бял

sárga

жълт

narancs

оранжев

rózsaszín

розов

piros

червен

lila

лилав

kék

син

zöld

зелен

barna

кафяв

szürke

сив

fekete

черен

sok / kevés

много / малко

mérges / nyugodt

ядосан / спокоен

szép / csúnya

красив / грозен

kezdet / vég

начало / край

nagy / kicsi

голям / малък

világos / sötét

светъл / тъмен

fivér / nővér

брат / сестра

tiszta / koszos

чист / мръсен

teljes / nem teljes

пълен / непълен

nappal / éjszaka

ден / нощ

halott / élő

мъртъв / жив

széles / keskeny

широк / тесен

ehető / nem ehető

ядлив / неядлив

gonosz / kedves

сърдит / любезен

izgatott / unott

развълнуван / скучаещ

kövér / vékony

дебел / тънък

első / utolsó

най-напред / най-накрая

barát / ellenség

приятел / враг

teli / üres

пълен / празен

kemény / puha

твърд / мек

nehéz / könnyű

тежък / лек

éhség / szomjúság

глад / жажда

betegség / egészség

болен / здрав

illegális / legális

нелегален / легален

intelligens / buta

интелигентен / глупав

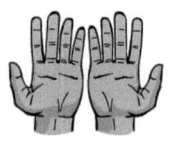

bal / jobb

ляво / дясно

közel / távol

близо / далече

új / használt

нов / употребяван

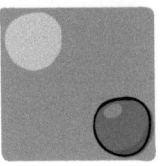

semmi / valami

нищо / нещо

idős / fiatal

стар / млад

be / ki

вкл. / изкл.

nyitva / zárva

отворен / затворен

csendes / hangos

тих / силен (звук)

gazdag / szegény

богат / беден

helyes / helytelen

правилен / погрешен

érdes / sima

грапав / гладък

szomorú / vidám

тъжен / щастлив

rövid / hosszú

дълъг / къс

lassú / gyors

бавен / бърз

nedves / száraz

мокър / сух

meleg / hideg

топъл / студен

háború / béke

война / мир

0

nulla
нула

1

egy
едно

2

kettő
две

3

három
три

4

négy
четири

5

öt
пет

6

hat
шест

7

hét
седем

8

nyolc
осем

9

kilenc
девет

10

tíz
десет

11

tizenegy
единадесет

12

tizenkettő
....
дванадесет

13

tizenhárom
....
тринадесет

14

tizennégy
....
четиринадесет

15

tizenöt
....
петнадесет

16

tizenhat
....
шестнадесет

17

tizenhét
....
седемнадесет

18

tizennyolc
....
осемнадесет

19

tizenkilenc
....
деветнадесет

20

húsz
....
двадесет

100

száz
....
сто

1.000

ezer
....
хиляда

1.000.000

millió
....
милион

angol

английски

amerikai angol

американски английски

mandarin kínai

китайски мандарин

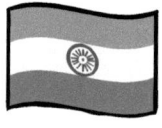

hindi

хинди

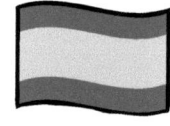

spanyol

испански

francia

френски

arab

арабски

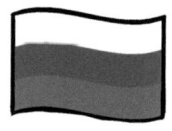

orosz

руски

portugál

португалски

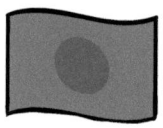

bengáli

бенгалски

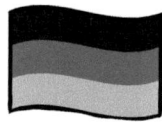

német

немски

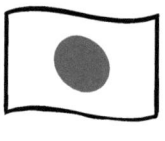

japán

японски

én

аз

te

ти

ő

той / тя / то

mi

ние

ti

вие

ők

те

ki?

кой?

mi?

какво?

hogyan?

как?

hol?

къде?

mikor?

кога?

név

име

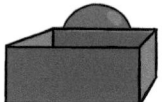

mögött

зад

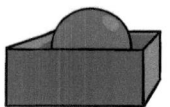

benne

в

előtte

пред

felette

над

rajta

върху

alatta

под

mellett

до

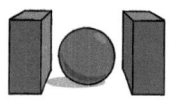

között

между

hely

място